BEI GRIN MACHT SICH IHR WISSEN BEZAHLT

- Wir veröffentlichen Ihre Hausarbeit, Bachelor- und Masterarbeit

- Ihr eigenes eBook und Buch - weltweit in allen wichtigen Shops

- Verdienen Sie an jedem Verkauf

Jetzt bei www.GRIN.com hochladen und kostenlos publizieren

Bibliografische Information der Deutschen Nationalbibliothek:

Die Deutsche Bibliothek verzeichnet diese Publikation in der Deutschen Nationalbibliografie; detaillierte bibliografische Daten sind im Internet über http://dnb.d-nb.de/ abrufbar.

Dieses Werk sowie alle darin enthaltenen einzelnen Beiträge und Abbildungen sind urheberrechtlich geschützt. Jede Verwertung, die nicht ausdrücklich vom Urheberrechtsschutz zugelassen ist, bedarf der vorherigen Zustimmung des Verlages. Das gilt insbesondere für Vervielfältigungen, Bearbeitungen, Übersetzungen, Mikroverfilmungen, Auswertungen durch Datenbanken und für die Einspeicherung und Verarbeitung in elektronische Systeme. Alle Rechte, auch die des auszugsweisen Nachdrucks, der fotomechanischen Wiedergabe (einschließlich Mikrokopie) sowie der Auswertung durch Datenbanken oder ähnliche Einrichtungen, vorbehalten.

Impressum:

Copyright © 2017 GRIN Verlag, Open Publishing GmbH
Druck und Bindung: Books on Demand GmbH, Norderstedt Germany
ISBN: 9783668542457

Dieses Buch bei GRIN:

http://www.grin.com/de/e-book/376582/vor-und-nachteile-einer-deutschen-aktiengesellschaft-gruendung-organe

Simon Schultis

**Vor- und Nachteile einer deutschen Aktiengesellschaft.
Gründung, Organe und Börsengang**

GRIN Verlag

GRIN - Your knowledge has value

Der GRIN Verlag publiziert seit 1998 wissenschaftliche Arbeiten von Studenten, Hochschullehrern und anderen Akademikern als eBook und gedrucktes Buch. Die Verlagswebsite www.grin.com ist die ideale Plattform zur Veröffentlichung von Hausarbeiten, Abschlussarbeiten, wissenschaftlichen Aufsätzen, Dissertationen und Fachbüchern.

Besuchen Sie uns im Internet:

http://www.grin.com/

http://www.facebook.com/grincom

http://www.twitter.com/grin_com

Inhaltsverzeichnis

1.	Was ist eine Aktiengesellschaft?	2
2.	Gründung einer Aktiengesellschaft	3
2.1.	Bar-und Sachgründung	3
3.	Organe einer Aktiengesellschaft	4
3.1.	Der Vorstand	5
3.2.	Der Aufsichtsrat	6
3.3.	Die Zusammensetzung des Aufsichtsrats	6
3.4.	Die Hauptversammlung	7
3.5.	Rechte der Aktionäre	8
3.5.1.	Vermögensrechte	8
3.5.2.	Pflichten der Aktionäre	8
4.	Börsengang einer Aktiengesellschaft	9
5.	Die Vor- und Nachteile einer Aktiengesellschaft	10
6.	Quellenverzeichnis	11

1. Was ist eine Aktiengesellschaft?

Die Aktiengesellschaft ist zusammen mit der GmbH die bekannteste Form der Kapitalgesellschaften. Sie ist die übliche Gesellschaftsform für börsennotierte Firmen. Die Aktiengesellschaft ist nach § 1 Abs. 1 AktG eine Gesellschaft mit eigener Rechtspersönlichkeit, das bedeutet, dass sie eine juristische Person ist. So besitzt sie Pflichten, Rechte, Vermögen, kann klagen und auch verklagt werden. Damit haftet die Aktiengesellschaft z.b. für ihre Schulden und nicht etwa ihre Aktionäre. Dies hat den Vorteil, dass Aktionäre nur mit ihrem eingesetzten Kapital haften, sonst aber nicht in Verantwortung gezogen werden können.

Oft wählen Firmen die AG als Rechtsform wenn sie neues Kapital benötigen oder aber die Besitzer einen Teil ihrer Anteile verkaufen wollen, denn nur Aktiengesellschaften dürfen ihre Anteile an der Börse verkaufen. Da die Aktiengesellschaft eine Handelsgesellschaft ist, ist sie Kaufmann kraft Rechtsform (Formkaufmann).

Durch die Aufteilung des Grundkapitals in kleine Kapitalanteile können Aktiengesellschaften leichter und deutlich größere Kapitalerträge von ihren Anteilseignern erhalten. Deshalb ist die Aktiengesellschaft die bevorzugte Rechtsform für Großunternehmen, da sie sonst meist nicht genügend Kapital für Wachstum oder Neuentwicklungen beschaffen können.

Im Namen jeder Aktiengesellschaft muss die Bezeichnung "Aktiengesellschaft oder eine allgemein anerkannte Abkürzung wie z.B. "AG" vorkommen.

2. Gründung einer Aktiengesellschaft

Als erster Schritt zur Gründung einer AG muss ein notariell beglaubigter Gesellschaftsvertrag festgelegt werden, welcher die Gewinnverteilung und die Unternehmensleitung bestimmt. Damit gibt sich die AG eine Satzung. Die Satzung muss von einer oder mehreren Personen mit festgelegt werden, die Aktien gegen Einlagen übernehmen werden (§ 2 AktG).

Mit Übernahme der Aktien durch die Gründer ist die Aktiengesellschaft errichtet. Danach muss der Aufsichtsrat und ein Abschlussprüfer bestellt werden. Anschließend bestellt der Aufsichtsrat den Vorstand.

Abschließend müssen die Einlagen eingebracht werden und die Eintragung in das Handelsregister erfolgen.

2.1. Bar-und Sachgründung

Bei einer Bargründung muss das Grundkapital mindestens 50.000€ betragen (§ 7 AktG). Das Grundkapital ist auf die Aktien verteilt und die Übernahme der Aktie durch die Aktionäre erfolgt gegen eine Geldeinzahlung. Wie hoch die Bareinlage letztlich ist, wurde durch die Satzung festgelegt.

Bei einer Sachgründung bringen die Aktionäre Sacheinlagen ein (z.B. Grundstücke, Patente, Marken etc.). Es ist aber auch eine Übernahme von Vermögensgegenständen, z.B. Gebäuden und Maschinen, möglich. Dies wird als Sachübernahme bezeichnet. Jedoch ist die Sachübernahme an weitere gesetzliche Voraussetzungen geknüpft und der wirtschaftliche Wert der Gegenstände muss feststellbar sein.

Die von den Aktionären bei einer Bar-oder Sachgründung übernommenen Anteile werden entweder in Nennbetragsaktien oder in Stückaktien verbrieft.

Nennbetragsaktien müssen einen Mindestnennwert von 1€ haben. "Höhere Aktiennennbeträge müssen auf volle Euro lauten"[1]. Der Anteil am Grundkapital ist unveränderlich, da der Nennbetrag in der Satzung festgelegt ist.

Die Nennbeträge der Aktien können unterschiedlich sein, die Summe aller ausgegebenen Aktien entspricht jedoch dem Grundkapital.

Stückaktien (Quotenaktien) haben keinen Nennbetrag. Sie sind alle am Grundkapital im gleichen Umfang beteiligt. Das Grundkapital dividiert durch die Stückaktien ergibt den Anteil einer Stückaktie am Grundkapital.

Der Anteil am Grundkapital ist veränderlich. So kann eine Aktiengesellschaft neue Aktien ausgeben, wodurch eine Stückaktie weniger Anteil am Grundkapital hat.

3. Organe einer Aktiengesellschaft

Die Aktiengesellschaft hat drei Organe: den Vorstand, den Aufsichtsrat und die

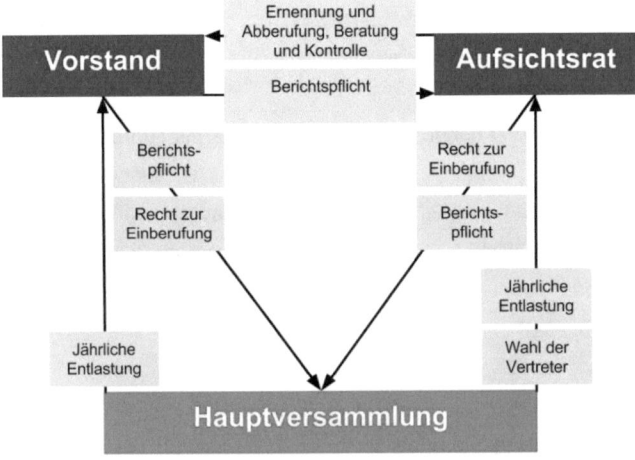

Hauptversammlung (Eigene Darstellung)

---

[1] Aktiengesetz § 8 Absatz 2

3.1. Der Vorstand

Der Vorstand ist das leitende Organ der Aktiengesellschaft. Die Satzung bestimmt die Zusammensetzung des Vorstands, er muss aber aus mindestens zwei Personen bestehen, wenn das Grundkapital mehr als 3 Mio. Euro beträgt. Der Vorstand wird vom Aufsichtsrat auf höchstens 5 Jahre bestellt.

Die Aufgaben des Vorstands sind die Geschäftsführung und die Vertretung der AG nach außen. Meistens werden den Vorstandsmitgliedern bestimmte Sachzuständigkeiten zugeordnet. So übernimmt beispielsweise ein Vorstand Finanzen, ein anderer Forschung & Entwicklung, einer Vertrieb und manchmal ist ein Vorstand auch der Pressesprecher der AG. Außerdem bestimmt der Aufsichtsrat meist einen Vorstandsvorsitzenden, dessen Aufgabe die Führung des Vorstandes ist. Außerdem muss der Vorstand dem Aufsichtsrat Bericht erstatten.

Des Weiteren fällt dem Vorstand die Aufgabe zu, einen Jahresabschluss zu erstellen und ab einer gewissen Größe der Gesellschaft einen Lagebericht dem Aufsichtsrat vorzulegen.

Außerdem lädt der Vorstand mindestens einmal jährlich zu einer ordentlichen Hauptversammlung ein. Bei besonderen Ereignissen, wie bei einem hohen Verlust, lädt er zu einer außerordentlichen Hauptversammlung ein.

Die Vergütung des Vorstands beschließt der Aufsichtsrat, wobei er dafür sorgen soll, dass die Höhe angemessen ist.

Außerdem dürfen Vorstände kein eigenes Gewerbe betreiben und auch nicht für sich oder eine andere Gesellschaft im gleichen Geschäftszweig arbeiten. Sie die dürfen aber mit Zustimmung der eigenen Gesellschaft auch für andere Gesellschaften arbeiten. Viele Vorstände von DAX Unternehmen sind im Aufsichtsrat von anderen Aktiengesellschaften. Dabei ist es aber wichtig, dass es zu keinen Interessenkonflikten kommt.

3.2. Der Aufsichtsrat

Der Aufsichtsrat besteht aus mindestens drei und höchsten 21 Mitgliedern, wobei die Anzahl immer durch drei teilbar sein muss. Der Aufsichtsrat wird von der Hauptversammlung mit einfacher Mehrheit für vier Jahre (Geschäftsjahre) gewählt. Er darf aber im selben Unternehmen nicht auch Vorstand sein, da der Aufsichtsrat den Vorstand kontrollieren soll. Er darf aber bei bis zu neun weiteren Gesellschaften im Aufsichtsrat sitzen.

Die Hauptaufgabe des Aufsichtsrats ist die Bestellung des Vorstands (Wahl mit einfacher Mehrheit), gegebenenfalls aber auch seine Abberufung. Damit ist auch verbunden, dass er die Geschäftsführung des Vorstandes überwachen muss. Dafür hat er das Einsichtsrecht für die Geschäftsunterlagen der Gesellschaft.

Außerdem prüft der Aufsichtsrat den Jahresabschluss und stellt diesen fest.

Eine weitere, für die Aktionäre nicht unwichtige, Aufgabe ist der Vorschlag für die Verwendung des Bilanzgewinns. Er kann entweder eine Dividende vorschlagen oder empfehlen den Gewinn im Unternehmen zu lassen, um das Eigenkapital zu erhöhen.

3.3. Die Zusammensetzung des Aufsichtsrats

Die Zusammensetzung des Aufsichtsrats ist abhängig von dem Geschäftszweig in dem die Gesellschaft tätig ist (so gibt es Ausnahmen für z.B. Unternehmen des Bergbaus) und der Anzahl der Arbeitnehmer.

bis zu 500 Arbeitnehmern	mehr als 500 bis 2000 Arbeitnehmer (laut Drittelbeteiligungsgesetz)	mehr als 2000 Arbeitnehmer (laut Mitbestimmungsgesetz)
Arbeitnehmer haben kein Recht auf Mitbestimmung. Der Aufsichtsrat setzt sich normalerweise ausschließlich aus Vertretern von Anteilseignern zusammen.	Setzt sich zusammen aus einem Drittel Arbeitnehmervertretern und zwei Drittel Anteilseignervertretern.	Setzt sich zusammen aus gleich vielen Vertretern von Arbeitnehmern und Anteilseignern.

3.4. Die Hauptversammlung

Die Hauptversammlung ist das beschließende Organ der Aktiengesellschaft. Über die Hauptversammlung können die Gesellschafter bzw. die Aktionäre ihr Stimmrecht ausüben. Einberufen wird sie von dem Vorstand. Die Hauptversammlung beschließt über die Entlastung von Vorstand und Aufsichtsrat. Indem sie den Vorstand entlasten, sprechen sie ihm ihr Vertrauen aus und drücken aus, dass sie mit der Geschäftsführung einverstanden sind. Wenn sie den Vorstand nicht entlasten, ist das ein Vertrauensentzug.

Weitere Rechte der Hauptversammlung sind die Wahl der Aufsichtsratsmitglieder, welche von den Anteilseignern gestellt werden, Beschlüsse über die Verwendung des Bilanzgewinns und über Satzungsänderungen (z.B. Fusion mit anderen Unternehmen, Kapitalerhöhung, etc.). Außerdem hat sie das Recht der Bestellung der Abschlussprüfer.

Die Hauptversammlung kann zudem auch die Auflösung der Aktiengesellschaft beschließen, dafür braucht sie aber eine Dreiviertelmehrheit.

3.5. Rechte der Aktionäre

- Jeder Aktionär, der über Stammaktien verfügt, hat auch mindestens ein **Stimmrecht**. Hat er mehrere Stückaktien oder Nennbetragsaktien mit höherem Wert, hat er dementsprechend ein höheres Stimmrecht. Das bedeutet, nicht jeder Aktionär hat ein gleiches Stimmrecht, das Stimmrecht entspricht dem Anteil an der AG (z.B. eine Aktie mit 50€ Nennwert hat 1, eine Aktie mit 200€ Nennwert hat 4 Stimmen).
- Zudem hat er das Recht an der **Teilnahme an der Hauptversammlung** und das Recht **Beschlüsse der Hauptversammlung anzufechten**. Er sollte aber belegen können, dass der Beschluss gegen die Satzung oder ein Gesetz verstößt.
- Er hat ein **Recht auf Einberufung der Hauptversammlung**, falls die Anteile der Aktionäre, die die Einberufung verlangen, mindestens 5% beträgt.
- Jeder Aktionär hat ein **Auskunftsrecht**. So kann er in der Hauptversammlung vom Vorstand Auskunft über Angelegenheiten der Gesellschaft verlangen.

3.5.1. Vermögensrechte

- Anspruch auf **Anteil am Gewinn** bzw. Dividende. Ein Aktionär hat das Recht, entsprechend seinem Anteil am Grundkapital, an der Dividende beteiligt zu werden. Er hat also nur dann ein Anrecht am Gewinn beteiligt zu werden, wenn die Hauptversammlung einen entsprechenden Beschluss fasst, dass sie eine Dividende ausschütten will.
- **Bezugsrecht** bei der Ausgabe neuer Aktien. Beschließt die Hauptversammlung die Erhöhung des Grundkapitals, steht dem Aktionär ein Recht auf Bezug neuer Aktien zu.
- Wenn die eine AG aufgelöst wird, hat der Aktionär einen **Anspruch auf das verbleibende Vermögen** der AG (nach Begleichung der Gläubiger).

3.5.2. Pflichten der Aktionäre

- **Die Einlagepflicht** nach § 54 AktG ist die Hauptverpflichtung der Aktionäre. Der Aktionär muss also seine gezeichneten Aktien entsprechend bezahlen und die Aktiengesellschaft darf nicht einfach auf die Einlage verzichten.
- Risiko für den **Wertverlust** der Aktien.

4. Börsengang einer Aktiengesellschaft

Damit Anteilsscheine einer AG an der Börse gehandelt werden können, muss sie für die Börse zugelassen werden. Die Zulassung muss das Unternehmen mit einem oder mehreren Kreditinstituten beantragen. Dafür muss sie aber einige Kriterien erfüllen (Grundlage ist das Börsengesetz und die Börsenzulassungsverordnung). So müssen sie z.B. den Kapitalmarkt über ihre aktuelle finanzielle Situation berichten. Dies machen sie mit Prospekten, Präsentationen und sogenannten Roadshows. Manchmal schalten Unternehmen sogar Werbung, wie es z.B. die Deutsche Telekom bei ihrem Börsengang tat.

Da die Kurse an der Börse stark schwanken können, ist es nicht einfach den richtigen Termin für ein Listing zu finden. Deshalb verschieben Unternehmen manchmal ihr Listing oder sagen es sogar einen Tag davor ab.

Vorteile	Nachteile
<ul><li>leichterer Zugang zu finanziellen Mitteln bzw. mögliche Kapitalerhöhung durch Ausgabe neuer Aktien</li><li>Höhere Bekanntheit der AG</li><li>Anteilseigner können leichter ihre Anteile verkaufen</li></ul>	<ul><li>Die Listung an der Börse ist mit Kosten in Millionenhöhe verbunden</li><li>Zulassungskosten und Provision für das Kreditinstitut</li><li>Gefahr von feindlichen Übernahmen</li><li>Strengere Richtlinien wenn man z.B. im DAX oder einem anderen Index gelistet ist</li></ul>

5. Die Vor- und Nachteile einer Aktiengesellschaft

Vorteile	Nachteile
• Kapitalgeber haften nicht für die Schulden der AG, lediglich können sie ihr eingebrachtes Kapital verlieren • Anteile können an der Börse leicht verkauft werden, das ist bei keiner anderen Rechtsform so leicht möglich • Kapitalgeber haben keine Verpflichtung zur Geschäftsführung, im Gegensatz zur KG, wo ein Komplementär die Gesellschaft führen muss, können hier geeignete Fachleute eingesetzt werden • Die Gesellschaft hat eine höhere Finanzkraft, da sie leichter ihr Kapital erhöhen kann und attraktiver für Anleger ist • Für Aktiengesellschaften ist es leichter Anleihen an der Börse auszugeben • Mitarbeiter können am Unternehmen beteiligt werden	• An der Börse gelistet zu sein ist mit hohen Kosten verbunden • Strenge Vorschriften, welche aufwendig und teuer sind • Anteilseigner können sich nicht so leicht in das Tagesgeschäft einmischen, sie haben weniger Kontrolle über das Unternehmen • Der Handel an der Börse hat den Nachteil, dass die Aktien oft von Anlegern gehalten werden, die sich nur für kurzfristigen Profit interessieren. Dadurch wird der Vorstand dazu verleitet, zu hohe Dividenden auszuschütten oder auf Kosten der Mitarbeiter zu sparen

6. Quellenverzeichnis

1. Betriebswirtschaftslehre für das berufliche Gymnasium (WG), Band 2: Jahrgangsstufen 1 und 2, vom Merkur Verlag Rinteln
2. Wikipedia Eintrag zu Aufsichtsrat vom 22.03.2017: https://de.wikipedia.org/wiki/Aufsichtsrat#Zusammensetzung_und_Wahl_des_Aufsichtsrats
3. Wikipedia Eintrag zu Aktiengesellschaft vom 22.03.2017: https://de.wikipedia.org/wiki/Aktiengesellschaft_(Deutschland)
4. Das Aktiengesetz von der Website: https://www.gesetze-im-internet.de/aktg/index.html#BJNR010890965BJNE001204307
5. Weiter Internetquellen -https://sevdesk.de/lexikon/aktiengesellschaft/ https://www.springerprofessional.de/springer-professional-wirtschaft/716642?itemUrl=/produktinformation/10516302?marketingcode%3DC0007106 -http://wirtschaftslexikon.gabler.de/Definition/aktiengesellschaft-ag.html
https://debitoor.de/lexikon/aktiengesellschaft-ag
6. Deckblatt Bilder: -https://blog.telefonica.de/wp-content/uploads/2017/02/Logo-Telefonica-Deutschland-blau-850x478px.jpg
http://www.pcgames.de/Deutsche-Telekom-Firma-17562/News/BSI-geht-von-Hacker-Angriff-aus-1214710/galerie/2465924/
https://de.wikipedia.org/wiki/Datei:Deutsche_Bahn_AG-Logo.svg
https://de.wikipedia.org/wiki/Sick_(Unternehmen)#/media/File:Logo_SICK_AG_2009.svg
https://de.wikipedia.org/wiki/Datei:Siemens-logo.svg

BEI GRIN MACHT SICH IHR WISSEN BEZAHLT

- Wir veröffentlichen Ihre Hausarbeit, Bachelor- und Masterarbeit

- Ihr eigenes eBook und Buch - weltweit in allen wichtigen Shops

- Verdienen Sie an jedem Verkauf

Jetzt bei www.GRIN.com hochladen und kostenlos publizieren